AF159186

|xs|

Abseits zeitgeistiger Betroffenheitslyrik bewegt sich Fabian Lenthe in der Tradition der poètes maudits und des amerikanischen Underground. Seine Gedichte, meist nur wenige Zeilen lang, bestechen durch ihre Unmittelbarkeit und richten die Aufmerksamkeit auf die Abgründe der menschlichen Existenz – oft melancholisch, manchmal mit beißender Selbstironie.
Zwischen Tagtraum und Erinnerung oszillierend, erzählt Lenthes Gedichtband *Streichhölzer* eine Geschichte vom Ende der Liebe.

Fabian Lenthe, geb. 1985, lebt in Nürnberg. Nach zahlreichen Veröffentlichungen in Literaturmagazinen und Anthologien erschienen die Gedichtbände *In den Pfützen der Stadt wächst ein Stück Himmel* und *Da draußen* (beide 2018), *apnoe* (2020) und *acedia* (2021). Zuletzt erschien der Gedicht-Trialog *Vielleicht ein paar Raben* (mit Urs Böke und Stefan Heuer).

Fabian Lenthe
Streichhölzer

XS-Verlag

1. Auflage 2024
Originalausgabe

© XS-Verlag, Berlin 2024
Alle Rechte vorbehalten, insbesondere das des öffentlichen Vortrags, der Übertragung durch Rundfunk und Fernsehen sowie der Übersetzung, auch einzelner Teile. Kein Teil des Werkes darf in irgendeiner Form (durch Fotografie, Mikrofilm oder andere Verfahren) ohne schriftliche Genehmigung des Verlages reproduziert, verarbeitet oder verbreitet werden.

Satz: Silberstein Produktion
Umschlagentwurf: Jenny Dam
Druck: CPI
Printed in Germany

ISBN 978-3-944503-22-6

*Für Vera
(1987 – 2018)*

Der Kirschbaum vor meinem Fenster
Existiert nicht

Selbst die Vögel auf seinen Ästen
Singen keines seiner Lieder

Und auch seine saftigen Früchte
Schmecken nach nichts

Ich denke an das Mohnfeld
Etwas außerhalb der Stadt
Als ich den Fluss entlang gehe
Den du so mochtest

Dann erst bemerke ich die Kälte
Und wie spät es geworden ist
Und die Lichter in den Häusern

Die von hier aus
Nur kleine weiße Flecken sind

Weshalb ich das Haus verlassen hatte
Wusste ich nicht
Vor dem Supermarkt
Verkauften sie Brathähnchen von gestern
Und während über dem Friedhof
Die Sonne schien
Vergingen ein paar Stunden

Einige Straßen weiter
Begann es zu regnen
Und dann regnete es tagelang

Zumindest
Lief ich eine Weile
Geradeaus

Bei Tagesanbruch
Sehe ich auf die kaputte Uhr
Und wie jeden Morgen
Trinke ich Tee statt Kaffee
Esse etwas Toast mit Butter

Und denke darüber nach
Ob es Tag
Oder Nacht war

Als sie stehengeblieben ist

Die meiste Zeit
Sagst du
Sind wir sowieso nicht existent
Oder tot
Und du bestellst noch
Eine weitere Tasse Kaffee
Während wir uns
In einer Raststätte
Gegenüber sitzen
Und es noch etwa
Zweieinhalb Stunden

Bis nach
Beaulieu-sur-Mer sind

Ein Kadaver am Straßenrand
Schnabel und Federn
Und etwas später ein Stück Papier
Darauf stand nicht mal ein Name

Ansonsten das Übliche
Etwas Anderes war da nicht

Eine Reklametafel
Gegenüber des Motor Inn
Färbte unser Zimmer abwechselnd
In gelb und grün und blaufarbenes Neonlicht
Jedes Mal
Wenn der riesige Fischer
Einen Fisch
Aus dem Wasser zog
Und seine Angel
Erneut auswarf

Und ich stand eine Weile am Fenster
Und sah ihm dabei zu
Während du schliefst
Und ich an den Tod dachte
Und wie er uns eines Tages erwischen wird
Ehe ich mich wieder zu dir legte
Und in dein gelbes und grünes
Und blaues Gesicht sah

Ich bedaure es nicht
Den Tag
In der Nähe des Flusses
Verbracht zu haben

Er fließt
Durch die gesamte Stadt
Das ist alles
Was er tun muss

Wenn ich
Am Ufer stehe
Und ihm dabei zusehe

Stört ihn das nicht

Während ich wartete
Verlor erst der Fluss seinen Sinn
Dann der Baum direkt am Ufer
Dessen Blätter in die Strömung fielen
Und wenig später
Die Flasche Château Margaux
Sowie die Zigarette

Die ich seit Stunden
In den Fingern hielt

Den Blick
Auf herabgefallene Blätter
Zu richten
Erschien mir
Am heutigen Novembertag
Mehr als ausreichend

Jemand saß
Für einige Minuten
Neben mir

Ehe es etwas später
Ein Vogel war

Natürlich war mir
Das langsame Verblassen
Meines Namens
Auf dem Briefkastenschild
Aufgefallen
Nach und nach
Hatte die Sonne
Das kräftige Schwarz
In ein beinahe
Durchsichtiges Grau verwandelt

Auch die Jalousien der Fenster
Im sechsten Stock
Blieben seit Wochen

Unverändert

Das Aufgehen der Sonne
Ist längst nicht mehr
Als eine durchschnittliche Leistung

Ich teile eine Tablette
In zwei Hälften

Und sehe ihr dabei zu

Während ich mit meiner Zigarette
Ein zweites Brandloch
In die Tischdecke brenne
Stehst du vor dem Spiegel
Auf der Toilette des Bistros
Das schräg gegenüber
Deines hundert Quadratmeter Lofts liegt

Später wirst du von Crème Brûlée
Und einem alten Bekannten erzählen

Und mich mit keinem Wort erwähnen

Irgendwo ein Spalt
Eine angelehnte Tür
Ein halb geöffnetes Fenster
Durch das ein Außen dringt
Zum Innen wird

Das Vorbeifahren der Straßenbahn
Ist überlebenswichtig

Der Himmel an den Stränden
Ist vermutlich gar nicht so blau
Hattest du gesagt
Als du die
Vom Regen nass gewordene Postkarte
Zum Trocknen aufhingst
Die ich irgendwo
Auf dem Weg nachhause
An einem Randstein gefunden hatte

Ich hätte viel lieber etwas Brot und Käse
Und eine Flasche Wein
Mitbringen sollen

Und natürlich
Hattest du Recht

Neben dem Bett
Ein paar tausend Meter
Und trotzdem
Ich stehe auf
Und schütte drei Gläser Wasser weg
Ehe das vierte
Kalt genug ist

Danach
Habe ich ein schlechtes Gewissen

Im Kühlschrank
Neben der Sojasoße
Steht noch immer
Das leere Olivenglas

Dafür kann ich
Niemand anderem

Die Schuld geben

Seit heute Morgen
Beobachte ich die Wolken
Und wie sie allmählich vorüberziehen

Ich sehe gerne zu
Wie sich Dinge entfernen
Und wenn möglich

Verschwinden

Bevor ich einschlafe
Denke ich an den toten Spatz
Der im Sommer
Vom Himmel fiel
Und dass er vielleicht etwas
Von den langen kalten Nächten ahnte
Denen er nicht hätte
Entkommen können

Und daran
Dass er es
Womöglich

Dennoch
Versucht hat

Heute
Das bedeutet Sonnenuntergang
Um achtzehn Uhr fünfundzwanzig

Das passt ausgezeichnet
Genauer gesagt

Ist es völlig irrelevant

Als wir uns begegneten
Erschien uns ein Gespräch
Als nicht sonderlich sinnvoll

Zuhause ließ ich das Licht aus
Und die Sonne

Ging langsamer auf als sonst

Den Stuhl trifft keine Schuld
Und auch den Tisch
Möchte ich nicht beschuldigen

Es liegt ganz allein an mir
Und an dem Himmel

Der durchs Fenster fällt

Es läge vor allem
An der Ausweglosigkeit
Hattest du gesagt
Ein Ei das aus seinem Nest fällt
Das Verschwinden der Sterne
Dinge die man nicht verhindern kann

Von Anfang an
Waren wir uns

Darüber einig

Ungefähr zur Mittagszeit
Dachte ich an den Tod
Während der Wind
Eine Plastiktüte
Durch die Luft wirbelte
Kleine Wellen strandeten
Am Ufer eines Sees
Und die Luft
War klar
Und kühl

Vor wenigen Stunden
Bezeugte ich den Sonnenuntergang
Und das Rot einer Backsteinfassade
Und das Grün einer Ampel
Und das Grau einer Straße
Oder ich stand betrunken
Auf einem Balkon
Schnippte den Rest meiner Zigarette
Über das Geländer

Und zählte die Sekunden
Die sie brauchte

Um aufzukommen

Der Blick
Reicht kaum noch zur Decke
Mit etwas Glück
Ein geöffnetes Fenster

Mit etwas Glück
Hört es nie wieder auf zu regnen

Als ich dir
Im Restaurant gegenübersaß
Wollte ich mit den Resten
Des Herings verschwinden
Die du auf dem Teller
Übriggelassen hattest

Ich wollte mich den Wellen ergeben
Und der Strömung erliegen
Mit den Händen auf dem Rücken

Und einem geöffneten Mund

Die Angst
Ein streunender Hund

Jeden Morgen
Ein Knochen neben dem Bett

Als ich das Messer nahm
Und in den Dotter stach

Fiel mir das Atmen
Ein wenig leichter

Draußen ein Vulkan
Oder drinnen
Drei Uhr nachmittags
Apokalypse und Gedichte
Bewaffnet mit Bierdosen und Pumpguns
Auf dem Boden
Worthülsen und Erbrochenes
Im Perser
Ein Brandloch
In der Form
Eines Brandlochs
Hier brauchst du dir
Nichts vorzustellen
Dinge sind Dinge
Ein Tisch und ein Stuhl
Ich wünschte
Alle Hunde in der Gegend
Würden auf mein Kommando hören

Als ich aufwachte
Dachte ich an die Wolken
Als sie noch Hasen waren
Und Fische und Vögel

Und der Regen noch schmeckte

Die Möglichkeit eines Tages
Zwischen
Frühstück und Abendessen
Lief ich eine Straße entlang

Vermutlich
Habe ich
Dieselben Dinge gesehen

Wie du

Ich saß auf derselben Bank
Unter demselben Baum

Später würde ich nach Hause kommen
Und es niemandem erzählen

Den Käse vom Ofenrost kratzen
Die verbrannten Stücke
Schmecken nach Kindheit

Ich muss zugeben
Ich habe keine Ambitionen

Mein Vater hieß Cliff Huxtable
Und meine Mutter Kate Tanner

Und wenn ich nach Hause kam
Gab es immer was zu lachen

Zwischen dem Blinken des Rauchmelders
Vergehen vierundneunzig Sekunden

Ich habe mir extra Zeit genommen
Um davon berichten zu können

Die Abstände
Zwischen den Wänden
Verändern sich nicht
Und die Geräusche
Aus dem Abfluss
Sind noch immer dieselben

Es gibt absolut
Keinen Grund

Sich Sorgen zu machen

Die Abstände
In denen du
Von deiner Zigarette zogst
Wurden immer geringer

Zu Beginn
Sprachen wir noch über den Winter
Und den Monat November
Bis wir nach einer Weile
An einem Baum vorbeikamen
Der gerade frische Blüten trug
Und du sagtest
Dass es sich um Kirschblüten handele

Und wie wenig Zeit uns doch bleibt

Die Leuchtkraft der Glühbirne
Hat sich inzwischen halbiert
Außerdem nur Staub
Und spärlich geöffnete Fenster

Umstände
Die sich tatsächlich

Verändern ließen

Nackt am Rand der Matratze
Auf dem Boden Asche und Schmerz

Neun Uhr fünfzig
Mit dem Schlimmsten rechnen

Das Bedürfnis stillen
Erschlagen zu werden
Von einer zufälligen Begegnung
Oder dem Himmel

Oder einfach
Den Briefkasten öffnen

Bis jetzt
Nur Brandlöcher

Die Hände
Duften nach Asche

Mir dich
In einem Kleid
Vorzustellen
Hattest du mir verboten
Es war zu kurz
Und glich eher
Einem Tutu

Erst als ich dir Bühne
Und Publikum und Applaus
Dazudachte

Hast du deine Pirouetten
Nur für mich gedreht

Ich vermute einen Presslufthammer
Und schweres Gerät
Kräne Planierraupen und Bagger
Motorräder und ein Propellerflugzeug
Ein Helikopter über dem Haus
Und sicherlich mehr als ein Cabrio
Es ist schließlich Sommer
Ständig geschieht etwas
Auch wenn ich nichts tue

Gestern die Kastanie
Die mir auf den Kopf fiel

Ist heute ein Baum

Die wenigen Sterne
Die übrig blieben
Je näher wir den großen Städten kamen
Waren selbst während der Morgendämmerung
Noch gut zu sehen
Aber natürlich
Ist das nicht zu vergleichen
Mit einem Blick in den Himmel
Inmitten eines Ozeans
Oder einer Wüste

Orte an denen wir
Selten anzutreffen sind

Während ich auf dem Badezimmerboden liege
Und mein Leben bereue
Sehe ich Bruce Lee Videos auf YouTube

Er sagt: »Be Water my Friend!«
Und ich möchte nie mehr etwas anderes sein

Für eine Weile
Sahen wir Containerschiffen zu
Wie sie unter dem Sternenhimmel
An- und ablegten
Und wie riesige Kräne
Ihre Ladung löschten
Und sie wieder beluden
Und sich dabei
Rote und grüne und weiße Lichter
Auf der Wasseroberfläche reflektierten

Du hattest es als
Ein präzises Zusammenspiel
Koordinierter Vorgänge bezeichnet
Als aus dem kleinen Taschenradio
Zwischen uns
»Mondscheinsonate« erklang

Und ich aufstand
Und zu tanzen begann

Das mit den Tulpen
Hatte ich mir noch einmal überlegt
Ihnen die Köpfe abzuschneiden
Wäre für niemanden von Vorteil gewesen

Stattdessen
Biss ich mir auf die Zunge

Wir waren kein großer Verlust
Nachts standen uns Laternen Spalier

Und schon am nächsten Morgen
Waren wir wieder geschieden

Der Tod in matt
Kein glänzender Abgang
Mit aufpoliertem Chrom
Die Mündung des Laufs
Dahin gerichtet
Wo es wehtun würde
Ich erinnere mich
Nur noch
In Ölfarben
Dein Gesicht
Ein Pinselstrich
In schwarz

Von einem Versehen zu sprechen
Scheint nicht mehr nötig zu sein
Meine Absicht
Ein glücklicher Mensch zu werden
Ist offensichtlich

Ich habe stets
Einen metallenen
Geschmack
Im Mund

Die Stimmen der Sportkommentatoren
Beruhigen mich
Irgendwo
An einem anderen Ort
Geschieht etwas
Über das sich zu reden lohnt
Ein neuer Weltrekord
Oder ein Unfall

Hin und wieder
Sehe ich aus dem Fenster

Das Publikum
Jubelt mir zu

Die Bedeutungslosigkeit
Meiner Anwesenheit
Wird zunehmend erträglicher

Ich kümmere mich nicht mehr
Um den Regen

Oder die Farbe des Himmels

Wenn da mal was vom Himmel fallen würde
Oder ein Vulkan neben dem Discounter

Aber da fällt nichts
Nur das Öl spritzt aus der Pfanne

Und der Rauchmelder spinnt

Ich habe geträumt
Keith Richards wäre gestorben
Er trank saure Milch
Aus meinem Kühlschrank

Dabei weiß doch jeder
Dass man von saurer Milch
Nicht sterben kann

Was ich mit Sicherheit sagen kann
Die Dauer eines Vorbeifluges
Eines durchschnittlichen Passagierflugzeuges
Von einer Seite des Fensters
Zur anderen
Beträgt etwa fünfzehn Sekunden

Manchmal
Versperren Wolken die Sicht
Und ich zähle stattdessen
Die Anzahl der Krähen
Die sich auf den Dächern
Der Nachbarhäuser befinden

Doch jetzt gerade
In diesem Moment
Beschäftige ich mich

Mit dem Regen

Damals ist heute Ruine
Trümmergedanken
Mutter suchte Pfefferminz
Bevor wir losfuhren
Zuhause schlief ein Mann
Vor dem Fernseher

Damals ist heute ein Blinzeln
Wütend

In die Sonne sehen

Immer noch die Münzschlitze
Der Einkaufswagen kontrollieren

Das Bonusleben einsammeln
Und dann durch die Geheimtür

Sich heute mehr trauen
Als damals

Einen Tag
An die Decke starren

Und sich dessen bewusst sein

Wie die Sonne
Das Blechdach vergoldet

Und die Silvesterrakete
Die seit Jahren verrottet

Zu diesem Zeitpunkt
Wird das Licht
Immer schwächer
Erst brach es durch die Wolken
Und jetzt
Da es in wenigen Minuten
Verschwunden sein wird

Könnte man sagen
Ich habe alles gesehen

Nach dem Schuss
Mit dem Betäubungsgewehr
Legen sie einem Tiger
Ein Tuch über den Kopf
»Gegen den Stress«
Sagt ein Mann
Der vielen anderen Männern
Anweisungen gibt

Auf einem anderen Sender
Werbung
Für Waschmittel und Joghurt
Und auf dem nächsten
Ein Krimi
In Schwarzweiß

Gut
Denke ich
Im nächsten Leben

Ein Tiger

Doch vorher Gedichte

Oder jeden Tag Steine
In einen anderen Fluss werfen

Heute Morgen
Konnte man noch gut
Den Gesang der Vögel hören
Bevor der Verkehr einsetzte
Und der Himmel
Wieder anfing
Blau zu werden

Alle anderen Dinge
Geschahen später
Als die Sonne
Bereits über dem Horizont stand

Uns sie niemand mehr
Hätte verhindern können

Mit ihren Fingernägeln
Hatte sie ihm das Gesicht zerkratzt
Bevor sie ihm um den Hals fiel
Und küsste
Und an einem anderen Tag
Schrie er sie an
Und bewarf sie mit Flaschen

Immer im Sommer
Saßen sie auf derselben Bank
Und tranken
Nur in diesem

Habe ich sie noch nicht gesehen

Tauben
Und der Himmel noch matt
Jemand spuckt auf den Asphalt
Jemand wartet auf den Bus
Jemand raucht eine Zigarette

An der Straßenecke ein nasser Karton
Sartre und Frisch

Sind beide ertrunken

Später vergesse ich die Menschen
Die Farbe der Sitzplätze
Ob ich saß oder stand
Wie viel ich für den Fahrschein bezahlt habe

Nur dass ich zurückgekommen bin
Wieder da bin
Wo ich immer bin

Daran werde ich mich erinnern

Den Körper halten
Den Kopf
Auf dem Tisch

Die Tage
Ungesehen

Bevor ich mich dazu entschließen konnte
Vor die Tür zu gehen

Musste ich zuhause
Auf das Unglück warten

Hast du den Revolver gesehen?
Er lag auf dem Tisch und glänzte
Ich bin mir sicher da war ein Revolver
Und er lag auf dem Tisch und glänzte

Vielleicht war es nur ein Traum
Aber wenn du ihn findest

Gib mir Bescheid

Alle anderen würden sich
In Form und Farbe ähneln
Nur dieser eine Pfirsich
Wäre etwas Besonderes
Aus seinem Kern
Sollte einmal ein Baum entstehen

Ich denke immer daran
Wenn die ersten Pfirsiche
In den Auslagen der Händler liegen
Und ich beobachte
Wie die Menschen
Sie drehen und wenden

Du hattest mir
Streichhölzer versprochen
Du sagtest
Dass es wichtig sei
Immer welche
Bei sich zu haben

Dass man
Im Notfall
Immer etwas

Anzünden könnte

Bevor es hell wurde
Stand ich auf
Um die Vorhänge zu schließen
Ich dachte daran
Wie du mir einmal sagtest
Dass alles was vergangen ist
Nie aufhören wird zu existieren
Solange wir uns erinnern

Später kaufte ich zwei Tüten Eis
In dem Kiosk an der Ecke
Und erinnerte mich

An den Geschmack von Erdbeeren
Und Pistazien

Weshalb ich den Krähen zusehe
Hattest du mich immer wieder gefragt
Indessen sie unbeirrt
Weiter ihre Kreise zogen
Und sich schließlich irgendwann
Auf einem kahlen Baum niederließen

Von meiner Anteilnahme
Würden sie sowieso
Nichts mitbekommen

Während es um uns herum
Immer dunkler
Und kälter wurde

Durch die Vorhänge des Hotelzimmers
Drang in unregelmäßigen Abständen
Das Licht der Scheinwerfer
Vorbeifahrender Autos
Manchmal fuhr eines auf den Parkplatz
Oder wieder von ihm ab
Und dann hörte man das Öffnen
Oder Schließen von Türen
Und laute oder leise oder gar keine Stimmen
Seit Stunden lagen wir nebeneinander
Die Klimaanlage war außer Betrieb
Und das Laken genauso nutzlos
Wie der Eiskübel und die Fernbedienung

Doch in wenigen Stunden
Würden wir selbst verschwunden sein
Und wieder zu Türen und zu Stimmen
Und zu Lichtern werden
Die in unregelmäßigen Abständen
Durch die Vorhänge
Eines Motelzimmers dringen

Tatsächlich liege ich in Gedanken
Oftmals auf dem Rücksitz
Eines dunkelblauen Mercedes 300 D
Und schaue durch die Heckscheibe
Hinauf in den Sternenhimmel
Oder lasse mich
Von den kurvigen Straßen der Alpen
Zum Einschlafen bringen
Am Grenzübergang
Strahlt orangefarbenes Licht
Und es geht nur langsam voran
Bis irgendwann irgendjemand
Etwas in einer fremden Sprache sagt
Und ich mir meine Decke
Über den Kopf ziehe
Und weiter schlafe

Auch das
Käme dir seltsam vor
Und ich sah dir dabei zu
Wie du noch einen Zug
Von deiner Zigarette nahmst
Und ob du
Den Tauben
Die zwischen den Tischen und Stühlen
Warteten

Ein Stück
Deines Croissants

Spendieren würdest

Der Himmel
Heute Nacht
Ist größer als sonst

Ich habe Lust
Mich zu ergeben

Natürlich schriebst du einmal
»Je veux mourir«
Auf die vergilbten Wände
Deines Zimmers
Genau wie ich
Doch jetzt ist es
Kurz vor halb neun
Und wenn du nicht
Zu spät kommen möchtest
Dann musst du jetzt los

Ich kümmere mich um den Garten
Und schreibe ein neues Kapitel
Sieh doch der Kirschbaum

Er trägt bereits Früchte

Ich denke zuerst an Orangen
An Sonnenlicht
Und ein offenes Fenster
An zwei Teller und Tassen
Kaffee und Tee
Und Eier mit Toast

Und das ist ganz allein
Meine Schuld

Ich stelle alles an seinen Platz zurück
Den Kopf auf die Schultern
Das Glas auf den Tisch
Die Flasche daneben

Ich werde nie da gewesen sein

Der Süßwarenstand
Neben dem Altglascontainer
Und in der Luft kandierte Äpfel
Schoko-Bananen und gebrannte Mandeln

Sich an Glas schneiden und bluten
Und nicht daran stören

Die Möwen
In meinem Kopf
Sind alle tot

Ich höre nicht einmal
Das Meer

Dieses Vorhaben wurde im Rahmen des
Stipendienprogramms des Freistaats Bayern
Junge Kunst und neue Wege unterstützt.

**Bayerisches Staatsministerium für
Wissenschaft und Kunst**